DIE REIHE

Archivbilder

LOKALGESCHICHTEN

NEUBURG AN DER DONAU

Barbara Höglmeier

Rita Mehringer

Roland Thiele

SUTTON
VERLAG

— 8 —

Fremden-Anzeige.

Angekommen vom 23ten bis 30. Mai.

Zur Post.

KK. Oberlieutenant v. Schäfler, komt von Eichstätt. Stadtrath Brechenmacher, v. Nördlingen. Weingastgeb Sicherle, von Augsburg. Stuhler, von Frankfurt, Kocher, von Leipzig, und Dusche, von Frankfurt, Kaufleute.

Zum goldnen Löwen.

Kaufmann Stöckel, von Frankfurt. Handelsmann Christoph, v. Ulm. Goldarbeiter Maier, v. Regensburg. Kaufmann Machio, von Wien. Geometer Wittmann, von München.

Zur blauen Traube.

Handelsmann Dillmann, v. Hilpoltstein. Hautboist Berger, v. Landshut. Chirurg Spießmacher, v. Salmansweil. Weltpriester Steiner, und Stapf, von Kirchberg.

Beim Haberlbräu.

Theol. Kandidat Hauer, v. Biberlingen.

Zum goldnen Lamm.

Graf von Lerbach, Domherr v. Freising. Weinhändler Wolf, von Ofen. Schiffmeister Schwarz, von Schongau. Schiffschreiber Bänkenhofer, v. Paßau. Handelsmann Kaiser, von Würzburg. KK. Oberlieutenant von Griva, kommt von Günzburg. Floßmeister Gerhard, von Günzburg. Floßmeister Ried, von Schongau. Hofrath Boller, v. Kreuth.

Zum goldnen Kreuz.

Akademiker Bachter, von Höchstätt. Braunberger, ehmaliger Gerichtsvogt v. Blindheim.

In Privathäusern.

Stadtschreiber Bruggmair, von Velburg. Lieutenant Schmeckenbecher, von Ulm. Sandel, gewesener Pfarrvikar zu Lindenau.

Die Ankunft von auswärtigen Übernachtungsgästen erregte das Interesse der Neuburger Zeitungsleser im frühen 19. Jahrhundert. Zeitungsanzeige von 1805.

Sutton Verlag GmbH
Hochheimer Straße 59
99094 Erfurt
www.suttonverlag.de

ISBN: 978-3-86680-741-9

Druck: Books on Demand GmbH, Norderstedt, Deutschland

Titelbild: Die Stammgäste aus dem Donaumoos kehren diesmal mit Pferd beim Hennenwirt ein. Fotografie um 1922.

Inhaltsverzeichnis

Bildnachweis und Danksagung

Anna und Gabriele Bauer, Neuburg: S. 78, 82/83, 84, 85; **Familie Cantonati, Neuburg:** S. 34; **Josef Eichinger, Neuburg:** Titelbild, S. 66, 67; **Martha und Heinz Enghuber, Neuburg:** S. 39; **Edith Enzersberger, Neuburg:** S. 41; **Petra Fieger, Neuburg:** S. 54; **Familie Großmann, Neuburg:** S. 29; **Historischer Verein Neuburg an der Donau e.V., Bibliothek, „Neuburger Wochenblatt“:** S. 18, 20, 23, 31, 37, 40, 42, 44, 65; **Historischer Verein Neuburg an der Donau e.V., Bibliothek, „Intelligenz=Blatt für die Churpfalzbaierische Provinzial=Hauptstadt Neuburg an der Donau“:** S. 4; **Historischer Verein Neuburg an der Donau e.V., Bibliothek, „Wochenblatt der Königlich Baierischen Stadt Neuburg“:** S. 62; **Historischer Verein Neuburg an der Donau e.V., Fotoarchiv:** S. 2, 10, 13, 14, 15, 16, 19, 21, 22, 23, 24, 25, 26, 29, 30, 32, 33, 38, 42, 43, 44, 49, 50, 51, 52, 53, 54, 55, 56, 57, 58, 59, 60, 63, 65, 66, 71, 81, 85, 86, 87, 88/89, 90, 91; **Historischer Verein Neuburg an der Donau e.V., Postkartenarchiv:** S. 11, 12, 13, 18, 27, 31, 33, 40, 45, 46, 48, 60, 70, 81; **Historischer Verein Neuburg an der Donau e.V., Sammlung:** S. 8, 17, 19, 21, 26, 43, 61, 72, 74, 75, 76, 77, 86, 92; **Familie Kerner, Neuburg:** S. 68; **Familie Kober, Neuburg:** S. 69; **Helga Kugler, Neuburg:** S. 28, 69; **Edith Lenz, Neuburg:** S. 35; **Sammlung Anton Ockermiller, Neuburg:** S. 20, 25, 28, 36, 45, 50, 62, 64, 67, 68, 80; **Stadt Neuburg an der Donau, Registratur:** S. 77, 92; **Stadtarchiv Neuburg an der Donau, „Neuburger Neueste Nachrichten“:** S. 70; **Stadtarchiv Neuburg an der Donau, „Neuburger Anzeigeblatt“:** S. 32, 36, 52; **Stadtarchiv Neuburg an der Donau:** S. 47, 49; **Karin Stangelmayer, Neuburg:** S. 59.

Roland Thiele: *„Neuburger Häuserbuch“*, unveröffentlichtes Manuskript, S. 93–95.
Barbara Höglmeier, Bildunterschriften.
Rita Mehringer, Bildbearbeitung.

Wir danken allen Leihgebern. Für Hinweise danken wir Edeltraud Ober, Dr. Eva Senner, Ruth Stigelmair und Dr. Barbara Zeitelhack vom Stadtarchiv Neuburg an der Donau.

Einleitung

Eine großflächige Infrastruktur von Wirtshäusern, so wie wir sie heute kennen, gab es seit dem Mittelalter; Gaststätten aber, die Getränke und Essen anboten, schon seit der Antike. Die ersten Gasthäuser in unseren Breiten waren römischen Ursprungs, Ausgrabungen haben dies belegt. Entlang der Römerstraßen entstanden im Abstand von ca. 25 Kilometern Häuser, sogenannte mansiones (von lat. manere = bleiben), die, staatlich unterhalten, auch zahlenden Gästen offen standen. Mit dem Fall des Römischen Reiches blieb zwar das Wegesystem bestehen, diese Art der „Gastronomie" verschwand aber.

In den königlichen Pfalzen des Mittelalters gab es Herbergen, Gastungen leistungsverpflichteter weltlicher und geistlicher Lehensherren. Diese wälzten die Kosten (und die Beköstigung eines reisenden Hofstaates war teuer!) gerne auf die untergebenen Städte, Klöster oder Bauern ab. Zunfthäuser, Institutionen städtischer Handwerksmeister, beherbergten und verköstigten reisende Mitglieder und Zunftangehörige. Das Hospizwesen, getragen vom Gebot der christlichen Nächstenliebe, gewährte Gastfreundschaft in oft klösterlich betriebenen Herbergen.

Urbarmachung weiter Landstriche, verbesserte Transportmöglichkeiten, die Bildung städtischer Zentren und die Bevölkerungszunahme sorgten ab dem 12. Jahrhundert für die Entstehung von kommerziell betriebenen Gasthäusern.

Allmählich wurde der Fremde zum zahlenden Gast, der Gastgeber zum Wirt. Der regelmäßige Postverkehr in Deutschland seit dem 15. Jahrhundert verlangte nach Gasthäusern an den Haltestellen (Gasthaus „Zur Post"). Ab dem späten Mittelalter wurde das Brauhaus, mit der Gaststätte verbunden, eine gebräuchliche Form des Gastbetriebes.

Die Landwirtschaft war oft die wichtigste Einkommensquelle der Wirte, häufig gehörte auch eine Metzgerei, manchmal auch eine Bäckerei zur Wirtschaft. Eine Sonderstellung nahmen die Fürstenherbergen ein, sie waren Unterkünfte für den reisenden Adel.

Das erstarkende Bürgertum, die Entstehung von Vereinen und politischen Parteien sowie die Trennung von Arbeit und Freizeit verlangten im 19. Jahrhundert nach Veränderungen im Wirtshauswesen. Feste und Veranstaltungen fanden statt, Tanzlustbarkeiten und Faschingsbälle. An den neu gebauten Bahnstrecken brauchte man neue Gasthäuser, die „Bahnhofsrestaurationen". Ende des 19., Anfang des 20. Jahrhunderts entstanden viele neue Gasthäuser, alte, bestehende wurden für neue Anforderungen umgebaut.

Die wirtschaftliche Not in den 1920er-Jahren, Kriege und vor allem der gesellschaftliche Wandel in den Jahren nach dem Zweiten Weltkrieg führten zum „Wirtshaussterben". Davon waren und sind nicht nur die Dörfer betroffen, in denen das Gasthaus als Ort der Kommunikation traditionell eine wichtige Rolle spielte. Auch in den Städten hat es in den letzten Jahren und Jahrzehnten viele Veränderungen gegeben: Gasthäuser wurden geschlossen, lohnten sich nicht mehr, die alten Häuser wurden abgerissen, traditionsreiche Häuser zum Beispiel in italienische Pizzerien oder griechische Lokale umgewandelt. Die alten Familienbetriebe gibt es kaum mehr, aber in den internationalen Gaststätten bestehen die Wirtschaften weiter.

Wie so vieles ist auch der Erhalt der Wirtshäuser das Resultat von Angebot und Nachfrage: Gehen die Leute ins Wirtshaus, ins Restaurant, sitzen sie nicht nur zu Hause vor dem Fernseher, so bleiben auch die gastlichen Häuser, in welcher Form auch immer, bestehen.

Barbara Höglmeier

Diesen Bierkrug ziert ein Medaillon mit der Ansicht des Neuburger Schlosses und einem Teil der Unteren Stadt mit Donau und Rossschwemme. Deckelkrug Ende des 19. Jahrhunderts.

1

Neuburger Wirtshauskultur

Eine Wanderung durch die Stadtviertel

Bis ins 18. Jahrhundert hinein wurde auch in unserer Gegend mehr Wein als Bier getrunken. In Ordnungen (Gesetzen) des Stadtmagistrats gab es genaue Bestimmungen darüber, wie eine Gastwirtschaft zu führen war, welche Abgaben fällig waren und wie viel beispielsweise der Wein zu kosten hatte. Natürlich war das Weinpanschen verboten und es durfte nur aus geeichten Kannen und Krügen ausgeschenkt werden. Nach acht Uhr abends im Winter und nach neun Uhr abends im Sommer wurde kein Wein mehr gereicht, nur den für Kranke oder „Kindbetterinnen" konnte man auch noch später in der Schenke holen.

Für Wein und Bier wurde ein „Ungelt", eine Getränkesteuer, fällig. Hatte die Weinwirtschaft eine „Taferngerechtsame", durfte der Wirt nicht nur Getränke ausschenken, sondern auch Essen verkaufen und Gäste übernachten lassen. Noch bis in die Mitte des 19. Jahrhunderts hinein waren „Taferne" oder „Tafernwirt" die gebräuchlichen Bezeichnungen für ein Gasthaus.

In Ehhaftsverzeichnissen (= Sammlung der städtischen Verordnungen und Rechtssetzungen) war vermerkt, welche Speisen in Neuburger Gaststätten, zum Beispiel bei Hochzeiten, serviert werden durften. Da gab es verschiedene Gänge, die alle gleichzeitig auf den Tisch kamen. Ein Gang konnte aus „Suppen / Ochsen- und Rindfleisch / ein Mandeldorten / Krammetsvögel [Wacholderdrosseln] oder eine andere gute Speise, wie es die Zeit gibt / eingemachte Hühner / einen gebratenen Hasen / Carriviol [Blumenkohl]" bestehen.

Ab dem 16./17. Jahrhundert kam vermehrt das Bierbrauen in Mode. Zapfwirte oder Weißbierzäpfler vertrieben das Bier der Brauereien und durften auch Speisen verkaufen, Sudlwirte – sudeln ist ein altes Wort für kochen – boten einfache Gerichte wie Bratwürste an.

Der Kreisarchivsekretär Joseph Breitenbach gab im „Neuburger Kollektaneenblatt" von 1898 ein Häuserbuch heraus, in dem „der Spaziergang durch die alten Häuser" und die damals bestehenden Gaststätten den Leser „in den Dunstkreis des vorigen Jahrhunderts versetzen" sollte.

Ab 1920 veranlassten die Auflösung der Garnison, die Abschaffung der Schranne und die wirtschaftliche Depression viele Wirte zur Aufgabe ihres Geschäftes. In der Wirtschaftswunderzeit der 1950er- und 1960er-Jahre wurde das Personal knapp, Grundstücke waren Spekulationsobjekte.

1948 hat es noch etwa 50 Gaststätten gegeben; kein Fernsehprogramm hielt die Menschen zu Hause, man traf sich regelmäßig zum Früh- und Dämmerschoppen, zum Stammtisch, zum Kartenspielen. Heute gibt es eine nie gekannte Vielfalt an Gastwirtschaften und Restaurants mit heimischer und internationaler Küche. Dass auch die „ganz normale" bayerische Wirtschaft erhalten bleibt, wünschen sich viele von uns.

Barbara Höglmeier

„Harmoniewirth“, Amalienstraße A 20. Das im Kern aus dem 16. Jahrhundert stammende Haus beherbergte um 1786 das Stadtgericht (Syndikus). Von 1901 bis in die 1930er-Jahre war es Gaststätte und Metzgerei, heute ist es Wohn- und Geschäftshaus. Fotografie vor 1900.

„Zur schönen Aussicht“, ehemals „Damenwirt“, Amalienstraße A 27. Das alte Wirtshaus, es stammte wohl aus dem 16. Jahrhundert, hieß um 1760 „Damenwirt“. Anfang des 20. Jahrhunderts neu gebaut, wurde es 1962 umgestaltet und 1972 um ein Stockwerk erhöht. Heute ist hier ein griechisches Restaurant, das „Skorpios“. Postkarten um 1947 (oben) und um 1918 (unten).

„Zum Ritter St. Georg", „Zur blauen Traube", Amalienstraße A 49. Das 1701 über gotischen Kellern neu erbaute Gasthaus kann auf eine lange Wirtshausgeschichte zurückschauen. Heute ist die „Blaue Traube" eine Neuburger Institution – eine richtige bayerische Wirtschaft. Postkarte um 1925.

„Peterhof", Amalienstraße A 45. In diesem Gebäude, im 17. Jahrhundert errichtet und im 19. Jahrhundert völlig umgestaltet, war von 1921 bis 1977 die Gastwirtschaft „Peterhof". Danach wurde das Haus, bis auf die hofseitigen Arkaden, abgebrochen und als Mietwohnhaus neu aufgebaut. Postkarte um 1940.

Fürstenherberge, „Zum goldenen Löwen", Amalienstraße A 52. Über dem Portal der 1713 erbauten Fürstenherberge prunkt das Wappen von Kurfürst Johann Wilhelm. Ursprünglich standen hier zwei Häuser – der „Goldene Löwe" und der „Goldene Stern". Von 1837 bis 1995 war im Hause die Hofapotheke eingerichtet, heute befinden sich dort Wohnungen, Praxen und der Jazzkeller. Fotografie vor 1900.

„Geissendörfer“, „Zur goldenen Rose“, Amalienstraße A 55. Das imposante Giebelhaus mit der geknickten Fassade wurde wohl im 17. Jahrhundert erbaut. Das Einwohnerbuch von 1960 verzeichnet Herta Krell als Gastwirtin. Kurzzeitig als Arbeiterwohnhaus der Firma Europa-Karton genutzt, ist das stolze Haus seit 1980 Teil der Stadtverwaltung. Fotografie vor 1900.

„Finkelwirt“, „Müller-Wirtschaft“ und „Vivat am Schloß“, Amalienstraße A 61. Angeblich unterhielt Pfalzgraf Ottheinrich im Keller des Hauses seinen Weinkeller; an diese Legende knüpft die Weinschenke „Vivat“ an. Im 17. Jahrhundert in der heutigen Ansicht erbaut, war es erst repräsentatives Wohnhaus in Schlossnähe; von 1874 bis 1956 Gastwirtschaft. Fotografie vor 1900.

„Zum Postwirt", „Fürleger", Gerichtsgasse A 84. In den Steuerbüchern von 1728 wird als Hausbewohner der Schuhmacher Dominikus Zirach erwähnt, seit 1777 war das Haus Gastwirtschaft, 1884 baute der Postwirt das Haus „Zum Fürleger" neu auf. Vor der Haustür steht der Wirt Josef Fürleger mit seiner Tochter Anni (Basel). Die Wirtschaft bestand bis in die 1960er-Jahre; jetzt sind dort Wohnungen. Fotografien von 1919 (oben) und um 1950 (unten).

Der Zinngießer Pilland am Elisenplatz C 16 (ehemals Gasthaus „Zum Kumschier“) fertigte allerhand Gebrauchsgegenstände aus Zinn. In die von ihm gegossenen Bierkrugdeckel wurden Deckeleinsätze eingefügt, die sogenannten Luckplättchen. Hier zwei Beispiele aus der Mitte des 19. Jahrhunderts.

„Saliter“, Saliterweg B 31. In der ehemaligen Saliterfabrik (Saliter = Salpeter, benötigt für die Herstellung von Schwarzpulver) wird seit 1770 Bier ausgeschenkt. Ab 1849 ist das Haus im Besitz der Familie Bley; an Sommertagen und -abenden sitzt es sich schön im Biergarten. Postkarte um 1940 und Zeitungsanzeige von 1878.

Zur Erinnerung an das Kirchweih-
fest im

Saliterhaus

am Samstag den 29. Juni
am Feste Peter und Paul
Wurst- und Küchelpartie.
Sonntag Tanzmusik
nebst Würsten und Kücheln.
Montag Würste und Kücheln nebst
ausgezeichnetem Bier, wozu freundlichst
einladet

Ursula Blei,
Saliterwirthin.

„Schabacker", „Zum goldenen Karpfen", Unterer Brandl B 45. Die Gastwirtschaft, unweit der Donau gelegen, bestand seit 1758; mit dem Ende der Donauschifffahrt im späten 19. Jahrhundert endete auch der Wirtshausbetrieb. Der prächtige Ausleger mit dem goldenen Karpfen, gefertigt um 1780, ist im Stadtmuseum Neuburg ausgestellt. Die alte Fotografie wurde vor 1900 aufgenommen.

„Schmidwirt“, „Zur goldenen Sonne“, Oberer Brandl B 48. Das Haus, 1762 erbaut, hieß nach den Vorbesitzern auch „Zum Spachert“ oder „Zum Meyerle“. Bis in die 1960er-Jahre als Gastwirtschaft geführt, sind im Haus heute nur noch Wohnungen. Fotografie um 1910 und Zeitungsanzeige von 1877.

Zur Erinnerung
an die ehemalige Kirchweihe
findet am Sonntag den 1. Juli
Tanzmusik
mit
Wurst- und Küchelpartie
statt, wozu ergebenst einladet
Johann Meyerle,
Gastgeber zur goldenen Sonne

„Dirnbräukeller“, „Fuchsbräukeller“, Donauwörther Straße B 62. Viele alte Brauereien hatten Sommerkeller mit Bierausschank außerhalb des Stadtzentrums, so auch der später in „Fuchsbräukeller“ umbenannte „Dirnbräukeller“. Das um 1860 errichtete Haus wird heute noch teilweise als Gastwirtschaft betrieben. Aquarell von 1863 und Fotografie um 1900.

„Hartmann", „Sixenmichel", „Neuweltwirt", Fünfzehnerstraße B 93 (alt). In dem stattlichen Haus, im frühen 18. Jahrhundert erbaut und seit 1833 als Wirtschaft genutzt, werden heute nur noch Wurst und Fleisch verkauft. Im Zuge der Auswanderungswelle nach Amerika im 19. Jahrhundert nannten sich viele Gaststätten „Neue Welt". Fotografie vor 1900.

„Glockenpauli", „Zur goldenen Glocke", Donauwörther Straße B 85. Das Gebäude wurde 1710 als kurfürstliches Gießhaus errichtet. Weil dort einst der Glockengießer Schelchshorn wirkte, hieß die Wirtschaft „Glockenpauli". Ab den 1920er-Jahren war hier die Verwaltung der Allgemeinen Ortskrankenkasse, jetzt versammelt sich in einem Neubau an gleicher Stelle die Advent-Gemeinde. Fotografie vor 1900.

„Gottfried“, ehemalige „Bahnhofsrestauration“, Bahnhofstraße B 120. Mit der Zunahme des Autoverkehrs und der damit verbundenen Veränderung des Reiseverhaltens verloren auch die Bahnhofsgaststätten an Bedeutung. Das Haus, 1835 erbaut und von 1901 bis 1977 Bahnhofsrestauration, verkam in der Folge zusehends und musste 1999 einem Wohnkomplex weichen. Zeitungsanzeige von 1878 und Fotografie vor 1900.

Der bekannte und berühmte **Bauchredner und Bauchsänger**

Franz Hörl von Salzburg

produzirt sich am Sonntag den 8. September Nachmittags zwischen 4 und 5 Uhr in der **Bahnhofrestauration** (vormals Wolf), und ladet hiezu freundlichst ein.

Entrée nach Belieben.

„Kreuzbräu“, „Gasthaus zum (goldenen) Kreuz“, Bahnhofstraße B 104. 1727 ist in den Steuerbüchern der erste Wirt vermerkt. Unter wechselnden Besitzern als Brauerei und Wirtshaus betrieben, wurde das Haus 1921 vom Orden der Elisabethinerinnen übernommen. Heute sind dort Wohnungen. Fotografie vor 1900.

„Zum Sixen“, „Kneippheim“, Fünfzehnerstraße B 157 (alt). Zwei Gasthäuser, der „Sixenmichel“ und die „Drei Könige“, schlossen sich – nach Abbruch der alten Häuser und dem Neubau 1866 – zum „Sixen“ zusammen. Ab 1932 als Kneippheim, dann als Landratsamt und schließlich als Finanzamt genutzt, wurde das alte Haus 1993 abgerissen und als Finanzamt neu gebaut. Fotografie vor 1900.

„Kasernenwirt", Fünfzehnerstraße B 155 (alt). 1821 wurde das Mitte des 18. Jahrhunderts errichtete Gebäude durch einen Neubau ersetzt. Seit 1910 betreibt die Familie Bergbauer im Haus eine Wirtschaft, erst den „Kasernenwirt" – die Kaserne lag ja gegenüber – heute das Hotel und Restaurant „Bergbauer". In den 1930er-Jahren führte Max Bergbauer im gleichen Haus ein Friseurgeschäft. Fotografien vor 1900 und um 1930.

„Pfafflinger Keller", Am Graben B 174 (Stadtgraben). In schattigen Kellern, unter Bäumen, blieb das Bier länger frisch und schön kühl; im Sommer ließ es sich hier gemütlich sitzen. Bleistiftzeichnung von 1877.

„Zum grünen Baum", Wolfgang-Wilhelm-Platz B 173. Zur Faschingszeit, hier in den 1920er-Jahren, tanzten die Neuburger Schäffler auf öffentlichen Plätzen, ein Brauch, der, von München kommend, auch in anderen bayerischen Städten gepflegt wurde und teilweise noch wird.

„Zum grünen Baum", Wolfgang-Wilhelm-Platz B 173. In dem 1718 erbauten Haus war von der Mitte des 19. Jahrhunderts bis 1977 eine Gastwirtschaft. Nach gründlicher Sanierung ist es heute Sitz des Bestattungsinstituts Faller. Postkarte von 1927.

„Kuglerbräu", Theresienstraße B 187. Die über zweihundert Jahre währende Gaststätten- und Brauereitradition endete mit dem Abriss des Hauses im Jahr 1927 und dem Neubau der evangelischen Christuskirche. Fotografie um 1925.

„Scheuermayer", Theresienstraße B 186. An dieser Stelle war um 1700 die Brauerei und Gastwirtschaft von Melchior Großhauser. Mitte des 18. Jahrhunderts stand hier das Zucht- und Arbeitshaus, das 1781 nach einem Brand neu aufgebaut, 1808 aufgelassen und als Pottaschenbrennerei genutzt wurde. Die ab 1929 hier betriebene Gastwirtschaft schloss 1956 ihre Pforten, das schöne Haus musste dem Neubau der Sparkasse weichen. Fotografie um 1930.

„Andreae“, „Café Röckelein“, jetzt „Großmann“, Theresienstraße B 191. In diesem vor 1750 erbauten Haus befindet sich seit 1836 eine Konditorei, die von 1907 bis 1971 von Familie Röckelein geführt wurde – den älteren Neuburgern ist dieser Name noch bekannt. Heute verkauft hier die Familie Großmann Kuchen und betreibt ein Café. Auf dem Foto sind unter anderem die Eltern von Frau Röckelein, Elisabeth und Joseph Sayle, abgebildet. Fotografien um 1880 (oben) und um 1926 (unten).

Eisbar „Venezia", jetzt „Peking", Theresienstraße B 199. Um 1720 wurden im kurfürstlichen Zeugstadel die Jagdutensilien der Fürsten aufbewahrt, später war das Anwesen im Besitz der Stadt Neuburg. Von 1949 bis 1960 war hier die Stadtsparkasse untergebracht, erst danach begann die Nutzung als Gaststätte (Familie Segeth). Die italienische Eisdiele „Venezia" lud zum Eisgenuss, jetzt gibt es in der Gaststätte „Peking" chinesische Gerichte. Das Foto zeigt die Teilnehmer der Fronleichnamsprozession im Jahr 1960.

Einladung.

Sonntag den 5. August Nachmittags 3 Uhr

bei günstiger Witterung

Produktion der Veteranen-Kapelle

im Dorferl-Keller.

Eintritt 20 Pf. à Person, ohne jedoch der Mildthätigkeit Schranken zu setzen, da „der Gesammtbetrag dieser Produktion für die noch vom Feldzuge her erkrankten Veteranen und für die Veteranen-Vereins-Unterstützungskassa" bestimmt ist.

Es werden daher alle Wohlthäter und Gönner des Veteranen-Vereins zu dem guten Vorhaben eingeladen.

Die Vorstandschaft.

„Doferlkeller", Franziskanerstraße B 210. Viel Betrieb herrschte im Sommerkeller des „Doferlbräu" in den 1870er-Jahren. 1961 wurden die Gebäude abgerissen, auf dem frei gewordenen Gelände steht nun das Alten- und Pflegeheim St. Augustin der Barmherzigen Brüder. Zeitungsanzeige von 1877 und Detail einer Postkarte um 1898.

„Café Central", Münchener Straße B 232 (alt). 1709 lebte hier, im Jägerhaus, der Grottenmeister Bertold, 1766 kaufte das Ehepaar Gietl das Gebäude und erhielt die Schlacht- und Zapfengerechtigkeit. 1884 musste das alte Haus einem Neubau weichen, in dem von 1900 bis 1960 das „Café Restaurant Central" betrieben wurde. 1960 etablierte sich hier die „Engel-Apotheke". Fotografie vor 1900 und Zeitungsanzeige von 1933.

Historischer Verein
Neuburg a. d. Donau

Mittwoch, den 25. Jan. 1933
abends 8 Uhr im Café Zentral

Vereinsabend
mit Vortrag.

1. Ott - Heinrichs Reise nach Spanien,
2. Verdiente Persönlichkeiten für die Geschichte Neuburgs.

Hiezu ergeht frdl. Einladung.
Der Vorstand.

„Kieferlbräu", Eybstraße B 239. Der „Kieferlbräu" existierte schon seit 1672 als Brauerei und Gasthaus. 1915 wurde das Braugebäude durch Feuer zerstört, 1945 die Gaststätte durch Bomben. 1949 erfolgte der Wiederaufbau des Wirtshauses im alten Stil. Die Familie Hoinle, eine alte Neuburger Wirtsfamilie, führt das Haus als Gaststätte und Hotel weiter. Fotografie vor 1900 (oben) und Postkarte um 1975 (unten).

Eiscafé „Cantonati", Münchener Straße B 262 (alt). Die Eisdiele „Cantonati" wurde 1959 eröffnet, zeitgemäß eingerichtet und mit einer Musikbox ausgestattet. Stolz präsentieren sich Cleto und Helga Cantonati in ihrer Eisdiele. Das „Cantonati" erfreut sich noch heute großer Beliebtheit. Fotografien von 1959.

„Zum Streidl", Blumenstraße B 271. Die traditionsreiche Neuburger Gaststätte „Streidl" wird seit etwa 1732 betrieben, seit Mitte des 18. Jahrhunderts braute man dort auch Bier. 1945 zerstörten Fliegerbomben das Gebäude fast vollständig, Anna Lenz, die tatkräftige Witwe von Christian Lenz, baute das Haus schon 1946 wieder auf. Besonders der Biergarten hinterm Haus lockt im Sommer – damals wie heute – viele Gäste an. Fotografien um 1930 (oben) und um 1950 (unten).

„Augsburger Hof", Adolf-Kolping-Straße B 293. Nur kurz – von 1920 bis in die 1970er-Jahre – bestand die Gaststätte „Augsburger Hof"; hinter dem Haus steht noch die alte Kegelbahn. Heute kann man in diesem Haus Musikunterricht nehmen. Zeitungsanzeige von 1933 und Fotografie um 1975.

Auch schon früher, im 19. Jahrhundert, erschienen im „Neuburger Wochenblatt“ regelmäßig Anzeigen, die auf die Aktivitäten der jeweiligen Wirtschaften hinwiesen. Hier zwei Zeitungsanzeigen von 1877 und 1878.

Restaurant „Zum Hofgarten", Luitpoldstraße C 1. Anstelle des „Maischhauses" aus dem frühen 19. Jahrhundert wurde um 1970 ein Neubau errichtet. Vom städtebaulichen Aspekt her war es kein großer Verlust, dass das als Fremdenverkehrsbüro und später als Restaurant genutzte Gebäude 1990 abbrannte. Fotografie um 1980.

„Café Hertlein", Oskar-Wittmann-Straße C 14. In der zweiten Hälfte des 19. Jahrhunderts wurde hier, in Donaunähe, ein beliebtes Fischlokal betrieben. Unter der Führung von Familie Schachermeier war das Lokal ein gediegenes Speiserestaurant und Café, bis es dann zu einem – heute schon legendären – Jugendtreff wurde. Postkarte und Fotografie um 1920.

„Zur goldenen Krone“, Elisenplatz C 15. Auf dem Vorgängerbau aus dem späten 17. Jahrhundert lag neben der Tavernengerechtigkeit auch die Baderkonzession. 1903 wurde das Haus abgerissen und vergrößert neu aufgebaut; nach den damaligen Inhabern war es auch als „Café Dörrer“ bekannt. Heute wird im „Mythos“, der ehemaligen „Krone“, griechisches Essen serviert. Detail einer Postkarte um 1910.

„Jener Herr, welcher am Sonntag den 28. Okt. Abends im Caffee Dörrer einen falschen Ueberzieher aus Versehen mitnahm, wird ersucht denselben abzugeben bei Caffee Dörrer.“

Bei welcher Gelegenheit es im Oktober 1877 zur „Überzieher“-Verwechslung kam, wird sich nicht mehr nachvollziehen lassen. Zeitungsanzeige von 1877.

„Café Huber", „Bruckenbäck", Elisenplatz C 38. Der jetzige „Bruckenbäck" vereinigt zwei Häuser, am nördlichen und südlichen Teil der Straße gelegen, zu einem. 1956 erbaute die Familie Huber das Haus neu – es wird weiterhin von Familie Enzersberger als Café und Restaurant mit Biergarten geführt. Vor dem alten Haus stehen in den 1920er-Jahren die Bäckerleute Andreas und Sophie Huber. 1958 entstand das untere Foto mit der damaligen Chefin, Erna Huber und den adretten Bedienungen „Frau Schmidt, Frau Fuhrmann und Liesl".

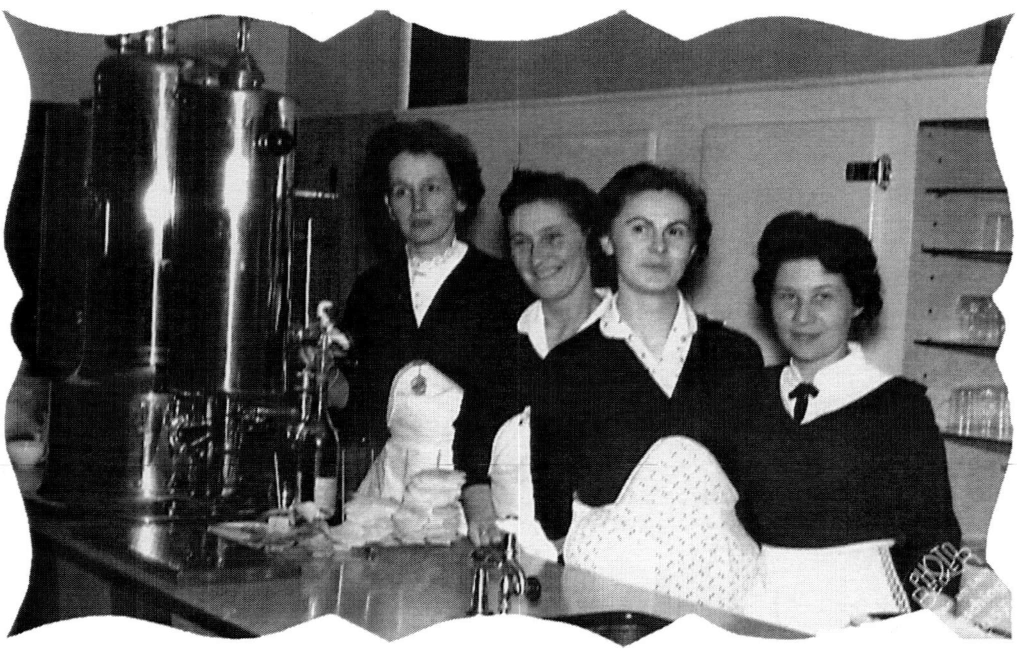

Männer-Turn-Verein Neuburg.

Sonntag den 28. ds. Mts.

findet im Garten des Herrn Gastwirth Kaiser (bei ungünstiger Witterung im Saale)

Gartenfest mit Musik

statt, wozu sämmtliche Mitglieder freundlichst eingeladen sind.

Anfang Nachmittags 4 Uhr.

Der Ausschuss.

„Zum goldenen Schwan“, Ingolstädter Straße C 18 (alt). Beinahe wäre das 1817 erbaute Wirtshaus in den 1980er-Jahren der Spitzhacke zum Opfer gefallen. Jetzt wird im „Goldenen Schwan“ ein italienisches Restaurant betrieben. Zeitungsanzeige von 1878 und Fotografie von 1984.

„Zum goldenen Adler“, „Inselwirtschaft“, Leopoldineninsel C 35. Hier stand im 18. Jahrhundert das von zwei Zwiebeltürmen flankierte Torgebäude des kurfürstlichen Hofbräuhauses. Ab 1861 betrieben dort in einem Neubau die Grafen Arco-Stepperg die Gaststätte „Zum goldenen Adler“. Beim Brückenneubau 1989 abgebrochen und rückversetzt, wurde das Gebäude mit gewerblicher Nutzung neu errichtet. Umrissradierung um 1750 und Fotografie um 1980.

„Zum Goldenen Ochsen", „Gasthof Zur Post", Pferdestraße C 44. Schon im frühen 17. Jahrhundert ist ein Wirt „Zum goldenen Ochsen" verzeichnet. Mit der Einrichtung einer Posthalterei änderte sich auch der Name des Hauses. Beim Postwirt ordinierten im frühen 18. Jahrhundert regelmäßig Zahnärzte und -techniker aus München und Ingolstadt. Fotografie vor 1900 und Zeitungsanzeige von 1877.

Heinrich Ultsch, Specialist

München Maximiliansstraße Nr. 40 wohnhaft
ist hier angekommen und bleibt bis Sonntag Abends.

Sjstème Amèricain

Künstliche Zähne und ganze Gebisse

per Zahn von 4 Mark anfangend, werden schön und elegant angefertigt und ohne Entfernung der Wurzel schmerzlos eingesetzt.

Da ich meine Materialien von den ersten Fabriken Amerikas beziehe und durch meine 22jährige Erfahrung bin ich im Stande die beste und billigste Arbeit zu liefern.

Wohne Gasthof zur „Post" Zimmer Nr. 20.

„Zum goldenen Ochsen“, „Gasthof zur Post“, Pferdestraße C 44. Auf dem unteren Foto legt gerade die „Ulmer Schachtel“ am Donaukai an. Der gediegene Gasthof, das Hotel, wurde in den 1960er-Jahren aufgegeben. Heute verkauft dort die Firma Kunze Bett- und Tischwäsche, Stoffe und Gardinen. Postkarte von 1905 und Fotografie um 1900.

„Doferl“, „Zum goldenen Lamm“, Schrannenstraße C 55. Der stolze klassizistische Bau wurde 1790 anstelle zweier Häuser aus der Mitte des 17. Jahrhunderts errichtet. Bis 1904 braute der Wirt das Bier selber, dann kaufte Richard Metzger von der Neuhof-Brauerei das Haus. Bis 1954 bestand es noch als Gaststätte, bevor es 1959 abgerissen wurde und dem Kaufhaus Paul (heute Kaufhaus Zierer) Platz machen musste. Postkarten um 1898 (oben) und um 1935 (unten).

Das Gasthaus „Zum goldenen Lamm“ – besonders imposant zur Schrannenstraße hin – führte gleichzeitig den Namen „Doferl“. Fotografie aus den 1920er-Jahren.

„Rennbahn“, Luitpoldstraße C 63. Die „Rennbahn“ – in der Nähe war früher der fürstliche Turnierplatz – war seit dem frühen 18. Jahrhundert Brauerei und Gaststätte. 1903, nach einem Großfeuer, wurde das Haus als Hotel neu aufgebaut und war zeitweise das erste Haus am Platze. Von 1921 bis 1925 wurden hier die „Neuburger Lichtspiele“, später, bis 2010, das „Hofgartentheater“ betrieben. Nachdem die „Rennbahn“ lange teilweise leer stand, besteht jetzt Hoffnung auf einen Neubeginn als Hotel. Postkarten Ende des 19. Jahrhunderts (oben) und um 1920 (unten).

„Rennbahn“, Luitpoldstraße C 63. Legendär sind die Faschings- und Tanzveranstaltungen in der „Rennbahn“. Der „Hausfrauentag“ 1952 im „Rennbahnsaal“, initiiert von EDEKA und einer Vertretung der Firma Bärenmarke, stimmt die anwesenden Neuburgerinnen und die (wenigen) Neuburger nach den entbehrungsreichen Kriegs- und Nachkriegsjahren auf die „schöne neue Warenwelt“ ein. Fotografien um 1910 (oben) und von 1952 (unten).

„Zum goldenen Löwen", „Sellis", Luitpoldstraße C 81 (alt). 1790 als Wohnhaus gebaut und ab 1845 als Gasthaus geführt, fiel das Haus 1905 einem Brand zum Opfer. Mit der Modernisierung in der Nachkriegszeit verlor das Gasthaus seine Schönheit, 1964 wurde es abgebrochen und an gleicher Stelle ein Allerweltsbau mit Wohn- und Geschäftsräumen errichtet. Fotografien vor 1900 (oben) und um 1960 (unten).

An einem nationalsozialistischen Feiertag in den 1930er-Jahren stehen Hedwig und Irmgard Brunner auf der Luitpoldstraße, im Hintergrund ist der „Goldene Löwe“ zu sehen. Fotografie um 1936.

„Hipperjackl“, „Zur goldenen Traube“, „Grünwald“, Rosenstraße C 99. Die Hippers waren eine alte Neuburger Wirte- und Metzgerfamilie, aus deren Mitte 1630 Elisabeth Hipper als „Hexe“ hingerichtet wurde. Mathias Grünwald erbaute das Gasthaus mit der Metzgerei 1880 aus zwei Vorgängerbauten, aus dem frühen 18. Jahrhundert stammend, neu. An die meisten Gasthäuser war früher auch ein landwirtschaftlicher Betrieb angeschlossen, deshalb suchte der Hipperwirt auch einen Schweizer (= Melker). Fotografie vor 1900 und Zeitungsanzeige von 1933.

Wegen Erkrankung des jetzigen,
wird jüngerer
Schweizer oder
tüchtige Stallmagd
sofort gesucht.
Näheres Gasthof Hipper.

„Gunzadam", Weinstraße C 122. Auf dem Haus aus dem frühen 18. Jahrhundert liegt seit 1720 das Braurecht. Bis heute wird es, nun allerdings unter dem Namen „Restaurant zum Hofgarten", als Gaststätte weitergeführt. Auf dem Platz, auf dem in den 1950er-Jahren eine Tankstelle stand, lädt jetzt ein Biergarten zum Verweilen ein. Fotografien um 1900 (oben) und aus den 1950er-Jahren (unten).

„Pfafflinger“, Schrannenplatz C 131. Um 1727 braute hier der Bierbräu Lehenmayer, die Brauerei existierte bis ins 19. Jahrhundert. In der weiter bestehenden Wirtschaft verkehrten in Marktnähe die Viehhändler. In den 1950er-Jahren änderte die Wirtin Kunigunde Fieger kurzzeitig den Wirtshausnamen, 1977 wurde das Haus abgerissen und im alten Stil wieder aufgebaut. Das klassizistische Portal und das Wirtshausschild stammen vom 1959 abgerissenen „Doferlwirt“. Fotografien vor 1900 (oben) und in den 1950er-Jahren (unten).

„Judenwirtshaus Schieber", „Bärenwirt", Schmidstraße C 133. In der zweiten Hälfte des 20. Jahrhunderts endete die Wirtshausnutzung des aus dem frühen 18. Jahrhundert stammenden Hauses. Nach dem zeitweiligen Besitzer „Jud Seligmann" und dem Wirt Donat Schieber benannt, war es danach auch als „Bärenwirt" bekannt. Nach dem Neubau verkauft hier heute die Firma Dünstl Sportartikel. Fotografie vor 1900 und Deckelkrug von 1914.

„Gasthaus Schranne", „Geitner", jetzt „Bella Italia", Schrannenplatz C 153. 1982/83 wurde das alte Wirtshaus aus dem frühen 18. Jahrhundert, der ehemalige „Heinrichswirt" (nach dem Bierschenk Heinrich Hein benannt), später Gasthaus „Zur Schranne", abgerissen und neu aufgebaut. Heute gibt es dort Pizza und Nudeln im „Bella Italia", im Keller ist eine Diskothek. Fotografie vor 1900.

„Zum Leinfelder", „Zum goldenen Hirschen", jetzt „Assmann-Kreil", Hirschenstraße C 158. Schon 1728 Bierschenke und Bierzäpflerei, wurde die Wirtschaft 1778 mit dem Namen „Goldener Hirsch" bezeichnet und gab nebenbei der Hirschenstraße ihren Namen. Ende des 19., Anfang des 20. Jahrhunderts hieß die Wirtschaft nach ihrem Wirt „Leinfelder", bis 1914 die Metzgerfamilie Assmann den Betrieb übernahm. Die Familie Kreil, Nachfahren der Assmanns, führen die Wirtschaft heute – Gott sei Dank – noch weiter. Fotografien vor 1900 (oben) und um 1907 (unten).

„Zum goldenen Kreuz“, „Nieberle“, jetzt „Central“, Adlerstraße C 200. Nach verschiedenen Nutzungen des um 1730 erbauten Hauses kaufte Josef Schäffer 1826 die Tavernkonzession. Der sogenannte „Josephiwirt“ wurde unter der Familie Nieberle in „Goldenes Kreuz“ umbenannt und ist nun das „Central“ mit vorgelagertem Biergarten. Fotografie vor 1900.

„Fuchsbräu“, Spitalplatz C 191. Im 16. Jahrhundert wirkte im Haus der Verwalter des nahe gelegenen Bürgerspitals. Ab dem frühen 19. Jahrhundert erfuhr es seine Nutzung als Wirtshaus, später auch als Brauerei. Auch die Familie Stangelmayer, der das Haus seit 1857 gehört, braute einst Bier; heute allerdings wird hier Wäsche gepflegt. Fotografie aus den 1920er-Jahren.

„Schwarzer Hecht“, „Schwarzer Adler“, Adlerstraße C 205. Schon 1728 ist der Hechtenwirt Georg Fischer mit Taverngerechtigkeit und Weinhandel in Steuerbüchern verzeichnet. Später zum „Adlerwirt“ umbenannt, wird die Wirtschaft zum Namensgeber der Adlerstraße. 1977 abgerissen und neu aufgebaut, ist das Haus heute, wie der einst benachbarte „Gasthof Moggl“, Teil des EDEKA-Supermarktes. Fotografie vor 1900.

„Gasthof zum Schwaiger", „Moggl", Adlerstraße C 203. Vor 1800 erbaut und seit 1808 als Wirtschaft genutzt, wurde das Haus in der ersten Hälfte des 19. Jahrhunderts abgerissen und mit dem Nachbargebäude vereinigt. Bis circa 1940 von der namensgebenden Familie Moggl und dann von Sibilla Nutzinger geführt, wurde es 1977 im Rahmen der Stadtsanierung abgebrochen, der Neubau ist nun Teil des EDEKA-Supermarktes. Fotografie vor 1900 (oben) und Postkarte um 1940 (unten).

„Englisch-Garten-Wirtschaft“, jetzt „Körtgens Biergarten“, Englischer Garten C 309 (alt). Das „Tracteurhaus“, 1805 auf der ehemaligen „Hirschsulz“ erbaut, brannte 1845 nieder und wurde an gleicher Stelle wieder aufgebaut. Auch dieses schöne Gebäude steht nicht mehr, heute befindet sich dort die Sportgaststätte des Neuburger Turn- und Sportvereins 1862 e.V. Detail eines Aquarells von 1856.

„Zum blauen Hecht“, Hechtenstraße D 17. Die Hechtenstraße hat ihren Namen vom „Blauen Hecht“, der als Wirthaus von 1733 bis in die 1930er-Jahre bestand. Heute werden im Haus Schuhe des alteingesessenen Schuhhauses Heilmeier verkauft. Fotografie vor 1900 und Zeitungsanzeige von 1819.

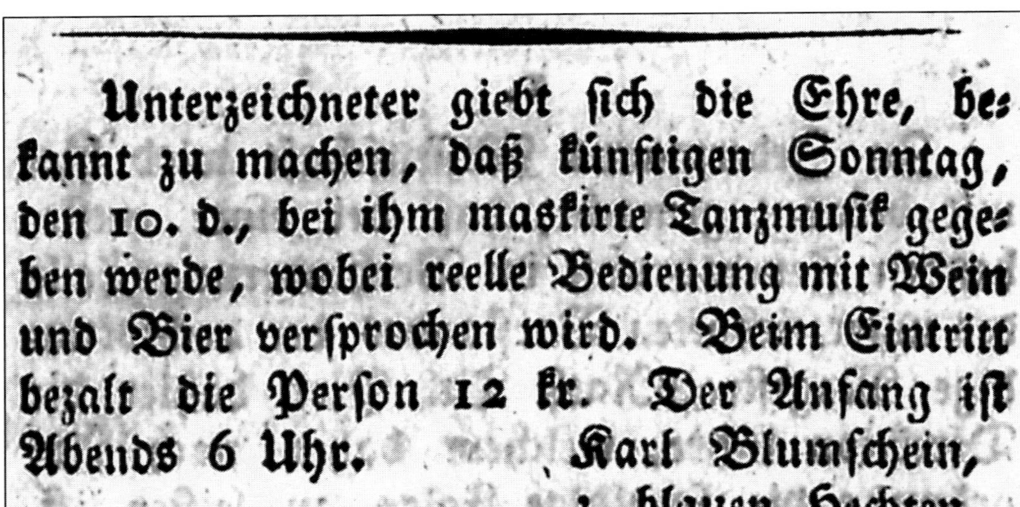

Unterzeichneter giebt sich die Ehre, bekannt zu machen, daß künftigen Sonntag, den 10. d., bei ihm maskirte Tanzmusik gegeben werde, wobei reelle Bedienung mit Wein und Bier versprochen wird. Beim Eintritt bezalt die Person 12 kr. Der Anfang ist Abends 6 Uhr.

Karl Blumschein,
z. blauen Hechten.

„Glassmann", „Wirtshaus beim Thaddä", Oswaldplatz D 25 (alt). 1780 führte Thaddä (Thaddäus) Glassmann das Wirtshaus, dem er auch seinen Namen gab. In den 1960er-Jahren wurde es aufgegeben. Heute sind im Obergeschoss Wohnungen und im Erdgeschoss das Reisebüro Claus. Fotografie vor 1900.

„Beim Argus", „Zum goldenen Kreuz", Gärtnerstraße D 102. Die Gastwirtschaft bestand von circa 1727 bis um 1900. Seit 1935 betreibt hier die Familie Mayer ihre Metzgerei. Das alte Haus wurde 1952 abgebrochen und durch einen Neubau ersetzt. Fotografie vor 1900.

„Zum Guggumos", „Vanessa", „Zum Max", Schießhausstraße D 176. 1727 ist der erste Wirt in den Steuerbüchern verzeichnet. Anscheinend war der „Guggumos", der frühere „Fischerwirt", eine von Soldaten gerne besuchte Gaststätte. Das Haus wurde in den 1970er-Jahren zur Bar „Vanessa" umgestaltet und wird heute noch gastronomisch genutzt. Fotografie um 1910.

Veteranen-Verein.

Sonntag den 7. ds. Nachmittags 3 Uhr Monatsversammlung bei Kamerad Appelshauser (Embacher).

Der Ausschuß.

„Zum Embacher“, Münchener Straße D 131 (alt). Fast 200 Jahre, vom Ende des 18. Jahrhunderts bis in die 1960er-Jahre, wurde hier eine Gaststätte geführt. Heute wohnt Familie Klotz in dem Gebäude und Christina Müller betreibt den Friseursalon „Hairfashion“. Zeitungsanzeige von 1878 und Fotografie vor 1900.

„Hennenwirt“, Blumenstraße D 40. Im früheren Zimmermannshaus „Beim Deiser“, 1898 anstelle eines älteren Hauses erbaut und 1900 von der Familie Eichinger übernommen, ist heute noch die Gastwirtschaft „Zum Hennenwirt“, jetzt geführt von der Familie Fieger. Auf dem Gruppenfoto sind auch die damaligen Wirtsleute Eichinger abgebildet. Fotografien von 1940 (oben) und vor 1900 (unten).

„Hennenwirt", Blumenstraße D 40. Auch die Postkarte zeigt den „neuen" Hennenwirt in der Blumenstraße, an deren Ende das „Gesellenhaus" (heutiges Kolpinghaus) zu sehen ist. Postkarte aus den 1930er-Jahren.

(Alter) „Hennenwirt", „Lettenstuben", jetzt „La Perla", Gärtnerstraße D 109. Der Stammtisch der „Lettenstuben", des Nachfolgebaues des „alten" Hennenwirts in der Gärtnerstraße, setzte sich aus folgenden Herren zusammen, von links: Albert Porr, Ferdinand Schmid, Rupert Dürr, Anton Göbel, Albert Manhart, Karl Röckelein, Manfred Volkmann, Eduard Neunzert. Fotografie um 1995.

„Katholisches Gesellenhaus", „Kolpinghaus", Adolf-Kolping-Straße D 45. Das „Katholische Gesellenhaus", 1901 erbaut, wurde 1943 durch Bomben zerstört und schon 1951 wieder aufgebaut. Postkarte um 1920.

„Katholisches Gesellenhaus", „Kolpinghaus", Adolf-Kolping-Straße D 45. Beim Hebauf steht auch der junge Raimund Kerner († 2008) auf dem Dachstuhl, in Neuburg als Stadtrat, Zimmermann und Hobbykünstler bekannt. Fotografie von 1951.

„Katholisches Gesellenhaus“, „Kolpinghaus“, Adolf-Kolping-Straße D 45. Nach dem Wiederaufbau wurde die Einweihung des Hauses festlich begangen. Fotografie von 1952.

„Katholisches Gesellenhaus“, „Kolpinghaus“, Adolf-Kolping-Straße D 45. Generationen von Neuburgern feierten und feiern im Kolpinghaus rauschende Feste – hier den Abschlussball der Tanzschule Paintner. Fotografie aus den 1950er-Jahren.

Geschäfts-Uebernahme

Der verehrten Einwohnerschaft von Stadt u. Land geben wir bekannt, daß wir ab **Samstag,** den **1. April 33** das Gräfl. v. Moy'sche

Arco-Schlösschen

übernommen haben. Wir bitten die wert. Gäste vom Arco-Schlößchen. sowie unsere Gäste von der Burgwehr uns das Vertrauen auch weiterhin zu bewahren.

Hans u. Kuni Ganshorn

… und etwas außerhalb: „Arco-Schlösschen", Neuburg-Ried, Arcostraße 18. 1805 vom Grafen Reisach erbaut und deshalb erst „Reisachruhe" genannt, wurde das Schlösschen schon 1808 in ein Café umgebaut. Zeitungsanzeige von 1933 und Postkarte um 1955.

Von der Terrasse des Arco-Schlösschens hat man einen der schönsten Blicke auf die Stadt. Fotografie um 1955.

Aus der Sammlung des Handels- und Gewerbevereins Neuburg, der Nachfolgeorganisation der Zünfte, hat sich der „Willkomm" der Schreiner erhalten. Deckelpokal von 1759.

2

Zünftisches Beisammensein

Zunftherbergen und Vereinstreffpunkte

Die Gaststätten dienten nicht nur der Beherbergung von Fremden, der Ausgabe von Essen und Getränken, als Orte für Familienfeiern oder andere Feste, sie hatten auch eine wichtige soziale Funktion als Zunftherbergen. Jede Zunft hatte eine Gaststätte als Herberge, wo sie sich zu den Versammlungen und Jahrtagen traf. Bei zahlreichen Zünften, deren Gebiet sich auf das Landvogtamt und die benachbarten Märkte oder sogar auf mehrere Landgerichte des Fürstentums Pfalz-Neuburg erstreckte, kamen auch die auswärtigen Meister zu den Jahrtagen in die Stadt. Die Teilnehmer hatten in ihrer Zunfttracht zu erscheinen, es bestand Teilnahmepflicht. Bei diesen Versammlungen wurde der Wirtshaustisch mit einem Zunftzeichen geschmückt, das Zunftgeschirr, z.B. eine Schleifkanne für Wein oder Bier, oft ein prächtiger sogenannter Willkomm, auf den Tisch gesetzt. Schließlich brachte man die Zunftlade herbei. Die Versammlung begann mit der feierlichen Öffnung der Zunftlade und dem Verlesen der Zunftordnung. Zu den einzelnen Beratungsgegenständen wurde jedem Mitglied nacheinander sein Votum abgefordert. Zunftversammlungen waren auch die Gelegenheiten, an denen die Mitgliedsbeiträge bezahlt, Lehrlinge in bestimmten Zeremonien freigesprochen, Rechnungen gelegt und etwa fällige Wahlen der Zunftoberen durchgeführt wurden. Der Arbeitsteil der Versammlung endete mit dem Schließen der Zunftlade. Nun folgte der gesellige Teil mit gemeinsamem Umtrunk und Mahlzeit, hierbei nahmen dann häufig auch die Ehefrauen teil.

Neben diesen Versammlungen diente die Zunftgaststätte auch als Anlaufpunkt für die wandernden Gesellen. Der Gastwirt – Herbergsvater genannt – schickte nach dem für die Wandergesellen zuständigen sogenannten Zuschickmeister oder -gesellen. Diese vermittelten entweder eine Arbeit bei einem der Zunftmeister oder gaben dem Gesellen das sogenannte Geschenk, eine Wertmarke, mit der er im Gasthaus übernachten und vielleicht noch eine Mahlzeit bekommen konnte. Hatte er keine Arbeit gefunden, musste er am nächsten Tag weiterziehen.

Nach Auflösung der Zünfte im 19. Jahrhundert übernahmen zahlreiche Vereine die gesellschaftliche Funktion der Handwerksverbindungen in den Gaststätten und blieben mit ihren Stammtischen Brennpunkte des sozialen Lebens der Stadt.

Roland Thiele

In der Zunfttruhe bewahrten die Zunftangehörigen ihre wertvollen Papiere wie die Zunftordnung auf. Zunfttruhe der Bäcker, 1740.

Fahrende Gesellen bekamen von ihrer Zunft Wertmarken, die sie in einer Zunftherberge oder bestimmten Gaststätten gegen Unterkunft und Essen eintauschen konnten. Verzehrmarken der Sattlerzunft, 1733.

Auch nach der Aufhebung der Zünfte kennzeichneten die Handwerker mit den Tischzeichen ihren Platz in der jeweiligen Gaststätte. Tischzeichen der Schneider, 1856.

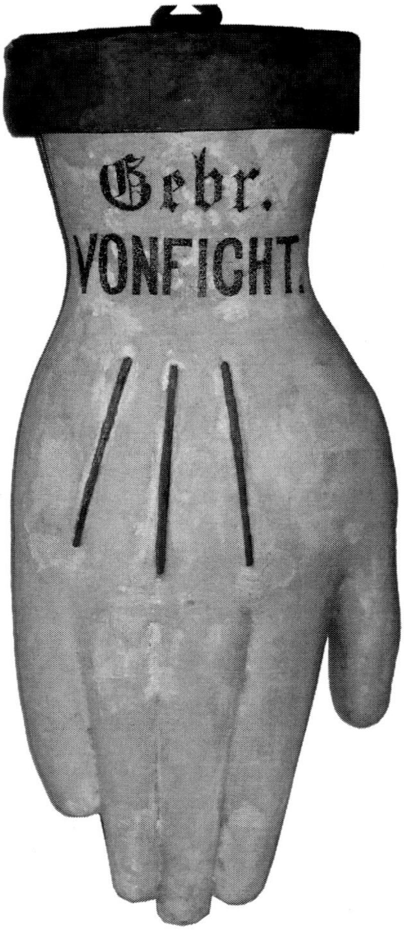

Die erst zünftisch organisierten, später im Handels- und Gewerbeverein zusammengeschlossenen Handwerker, stellten ihren Beruf selbstbewusst mit den ihr Handwerk bezeichneten Auslegern dar. Die Handwerker waren entscheidend am gesellschaftlichen Leben der Stadt beteiligt. Links das Zeichen der Handschuhmacher aus dem 19. Jahrhundert, unten das Zeichen der Schlosser von 1693.

Die Schlosserei Bilger in der Spitalstraße zierte bis zum Abbruch 1970 ein Schlüssel als Ausleger. Fotografie von 1969.

Seit Jahrhunderten rollen Fässer, um den Bierdurst der Neuburger zu stillen. Fotografie aus den 1980er-Jahren.

3

Brauereien in Neuburg

Bier brauen, ausschenken und trinken

Gebraut wurden in Bayern zunächst das braune (dunkle) Gerstenbier und ein Weißbier (helles Gerstenbier), von dem das ursprünglich aus Böhmen stammende eigentliche Weißbier, ein aus Weizen hergestelltes helles Bier zu unterscheiden ist. Im Fürstentum Pfalz-Neuburg und in der Stadt Neuburg galten die Bestimmungen des altbayerischen Reinheitsgebotes. Daneben gab es aber auch örtliche Bestimmungen:

Die Einfuhr von Bier von außerhalb, sogar aus dem benachbarten Rennertshofen, war im 16. und 17. Jahrhundert verboten. Der Neuburger Magistrat hatte für die Bierbrauer in der Stadt am 24. Juli 1535 eine Ordnung erlassen und sie darin in einer zunftähnlichen Bruderschaft zusammengefasst.

In der eng bebauten Oberen Stadt hatte man wegen der Feuergefahr nur wenige Brauereien. In der Amalienstraße bei der späteren Druckerei Loibl stand die uralte „Lohnersche Brauerei“, die 1732 von den Karmeliterinnen zur Erweiterung ihres Klosters erworben und abgebrochen wurde. In der Josefstraße A 81 wurde bis Mitte des 19. Jahrhunderts beim „Haberlbräu“ Bier gebraut. Auch zum heutigen Gasthaus „Zur blauen Traube“ gehörte eine Brauerei. Dieses Brauhaus brannte in der Nacht vom 5. auf den 6. Mai 1757 ab.

In der Oberen Vorstadt gab es den „Kuglerbräu“ an der Theresienstraße, die „Kreuzbrauerei“ an der Bahnhofstraße und den „Hasenbräu“ (heute Studienseminar). Anstelle des heutigen Finanzamtes an der Fünfzehnerstraße standen früher zwei Brauereien, der „Sixenmichl“ und der „Dreikönigsbräu“. Bei der Brauerei „Neuhof“ am Sehensander Weg handelt es sich um die unmittelbare Fortsetzung der einstigen „Malteserbrauerei“. Sie wurde vom damaligen Eigentümer Richard Metzger 1904/05 errichtet und war die erste Neuburger Brauerei mit moderner Kühltechnik. Außer dem „Fürstlichen Hofbräuhaus“ auf der Leopoldineninsel gab es in der Unteren Vorstadt noch weitere Brauereien.

In Neuburg waren zur kühlen Lagerung des Biers verschiedene Bierkeller vorhanden. Da gab es den alten „Doferlkeller“, den „Kreuzbräukeller“ und den „Dirnbräukeller“, der heute als „Fuchsbräukeller“ bekannt ist. Der „Kieferlbräu“ hatte seinen eigenen Bierkeller am Oberen Brandl B 49 und beim früheren Invalidenheim, Invalidengässchen B 222, befand sich der „Gunzadamkeller“.

Die letzte in Neuburg noch aktive Brauerei ist der „Juliusbräu“ der aus Bergheim stammenden Familie Bauer. Der Betrieb war als Gasthof und Brauerei „Neuwirt“ an der Stelle des früheren „Storchenwirts“ an der Färberstraße zu finden und wurde 1948 bis 1950, nach der Zerstörung durch Bombentreffer, an der Augsburger Straße neu aufgebaut, während der Gasthof „Neuwirt“ in der Färberstraße verblieb.

Roland Thiele

Gasthof „Neuwirt“, früher „Storchenwirt“, Färberstraße C 88. Schon vor 1730 wirkte hier Ignaz Widmann als Bierwirt, ab 1845 wurde im damaligen „Storchenwirt“ auch Bier gebraut. 1861 übernahm die Familie Bauer Brauerei und Gastwirtschaft. Fotografie um 1900.

Gasthof „Neuwirt“, früher „Storchenwirt“, Färberstraße C 88. 1902 ersetzte ein Neubau die alte Brauerei, 1908/09 wurde das alte Wirtshaus abgerissen und als Gasthof „Neuwirt“ neu errichtet. Fotografie um 1910 (oben) und Postkarte um 1910 (unten).

„Juliusbräu“, Augsburger Straße B 135. 1945 zerstörten Bomben die Brauerei Neuwirt in der Färberstraße, die Gastwirtschaft wurde schwer beschädigt. Während diese an alter Stelle wieder aufgebaut und vergrößert wurde, errichtete Julius Bauer die Brauerei an der Augsburger Straße neu. Detail einer Postkarte aus den 1960er-Jahren.

JULIUSBRAU

„Juliusbräu", Augsburger Straße B 135. Der Brauereibesitzer Julius Bauer und sein Mitarbeiter Karl Koch stehen vor dem neu erbauten Brauereigebäude. Fotografie um 1957.

„Juliusbräu", Augsburger Straße B 135. Zwei Brauer der Juliusbrauerei genießen die Früchte ihrer Arbeit. Die letzte und einzige Brauerei in Neuburg beschäftigt mit Florian Lindner einen jungen Braumeister. Fotografien um 1957 (oben) und von 2010 (unten).

„Neuhof-Brauerei“, Neuhofstraße D 228. 1699 erbauten die Jesuiten den Hof, 1709 erhielten sie vom Kurfürsten das Recht, „weißes und braunes“ Bier zu brauen. Nach Auflösung des Jesuitenordens gehörte die Brauerei den Johannitern. 1899 übernahm Richard Metzger den „Neuhof“ und die Brauerei am Sehensander Weg, sie war bis Ende der 1990er-Jahre in Betrieb. Auf dem Ausschnitt eines Werbebildes sieht man aus der Vogelperspektive die Ausmaße des „Neuhofes“. Fotografie vor 1900 und Detail aus einer Lithografie Anfang des 20. Jahrhunderts.

„Neuhof-Brauerei“, Neuhofstraße D 228. Brauer und Brauknechte haben sich zusammen mit den Bräurössern und dem Ochsen im Hof des „Alten Neuhofes“ aufgestellt. Die Neuburger Vereine, wie hier die Schützengesellschaft, hatten alle ihr Stammlokal, in dem sie sich zu ihren Versammlungen, aber auch zum geselligen Zusammensein trafen. Fotografien um 1925 (oben) und von 1927 (unten).

Brauerei „Neuhof“, Sehensander Weg B 113/114. Im Luftbild wird die Ausdehnung des Gebäudekomplexes der Brauerei deutlich. Hinter der Brauerei begann Ackerland, hier endete damals die Stadt. Fotografie um 1930.

Brauerei „Neuhof“, Sehensander Weg B 113. Das Sudhaus, in der 1904/05 neu erbauten Brauerei eingerichtet, war damals auf dem neuesten Stand der Technik. Fotografie um 1910.

Gaststätte „Neuhof", Bahnhofstraße B 111. Die „Neuhof"-Gaststätte, zur Brauerei gehörend und 1897 erbaut, ist schon lange ein griechisches Restaurant. Fotografie vor 1900.

„Hasenbräu", „Drei-Hasen-Wirtschaft", Wolfgang-Wilhelm-Platz B 65 (alt). Schon um 1700 erwähnt, gehörte die „Hasenbrauerei" mit Wirtschaft ab 1851 zum Seminarfonds. 1916 erfolgte ein Umbau – der erst kürzlich im Seminar gefundene Gedenkstein weist darauf hin. Die hier abgebildeten alten Gebäude, 1981 abgerissen, gehörten zum Wirtschaftsbetrieb von Brauerei und Gaststätte. Der Braukeller ist unter den heutigen Bauten noch erhalten geblieben. Gedenkstein von 1916 und Fotografie von 1981.

4

Gaststättenverzeichnis

Neuburger Lokalitäten im Überblick

A 005 Amalienstraße, „Faßhaus“, Bierkeller
A 020 Amalienstraße, „Harmoniewirt“, S. 10
A 027 Amalienstraße, „Damenwirt“, „Zur schönen Aussicht“, jetzt „Skorpios“, S. 11
A 030 Am Graben, „Waldsperger“, Sommerkeller
A 045 Amalienstraße, „Gasthaus Peterhof“, S. 13
A 047 Amalienstraße, Brauhaus Martin Lohner
A 049 Amalienstraße, „Zum Ritter St. Georg“, jetzt „Zur blauen Traube“, S. 12
A 051 Amalienstraße, „Zur goldenen Sonne“
A 052 Amalienstraße, Fürstenherberge, „Zum goldenen Löwen“, S. 13
A 053 Amalienstraße, „Zur Laterne“
A 055 Amalienstraße, „Geissendörfer“, „Zur goldenen Rose“, S. 14
A 061 Amalienstraße, „Finkelwirt“, dann „Müller-Wirtschaft“, jetzt „Vivat am Schloß“, S. 15
A 069 Landschaftsstraße, „Laternenwirt“
A 074 Josefstraße, „Zur blauen Traube“ gehörig
A 081 Josefstraße, „Haberlbräu“, „Gasthof Haberlbräu“
A 084 Gerichtsgasse, „Postwirt“, „Gasthof Fürleger“, S. 16
A 099 Herrenstraße, „Zum weißen Lamm“
A 107 Gerichtsgasse, Bierbräu Hans Stein
A 116 Landschaftsstraße, „Gasthaus zum Sens“, „Gasthaus zum Stadttheater“

B 002 Oberer Brandl, Lagerbierkeller
B 030 1/6 Saliterweg, Sportheim des VfR Neuburg
B 031 Saliterweg, Gastwirtschaft „Zum Saliter“, S. 18
B 039 Saliterweg bzw. Unterer Brandl, Lagerbierkeller der „Juliusbrauerei“
B 045 Unterer Brandl, „Zum goldenen Karpfen“, S. 19
B 048 Oberer Brandl, „Zum Meyerle“, früher „Zum Spachert“, S. 20
B 049 Oberer Brandl, „Kieferlkeller“
B 050 Oberer Brandl, Sommerbierkeller, Bierzäpflerei
B 062 Donauwörther Straße, „Dirnbräukeller“, dann „Fuchsbräukeller“, S. 21
B 065 alt, Wolfgang-Wilhelm-Platz, Ecke Donauwörther Straße, „Hasenbräu“ bzw. „Drei-Hasen-Wirtschaft“, S. 92
B 075 alt, Platz der Deutschen Einheit, „Hirschenwirtshaus“
B 085 Donauwörther Straße, „Zum Glockenpauli“, S. 22
B 093 alt, Fünfzehnerstraße, „Neuweltwirt“, S. 22
B 101 alt, Fünfzehnerstraße, Unterer Teil des Hauses „Bierzäpflerei Johann Drexel“
B 104 Bahnhofstraße, „Zum goldenen Kreuz“, S. 24

B 111 Bahnhofstraße, „Neuhof-Gaststätte“, S. 91
B 113 alt, Sehensander Weg, Brauerei „Neuhof“, S. 88–90
B 114 alt, Sehensander Weg, „Kreuzbräukeller“
B 120 Bahnhofstraße, „Bahnhofsrestauration“, dann „Gottfried“, S. 23
B 126 Bahnhofstraße, Bahnhofsgebäude, zeitweise mit Restaurant
B 135 Augsburger Straße, „Juliusbrauerei“, S. 82–85
B 155 alt, Fünfzehnerstraße, „Kasernenwirt“, jetzt Restaurant und Hotel „Bergbauer“, S. 25
B 156 alt, Fünfzehnerstraße, Nebenhaus des „Sixenmichels“
B 157 alt, Fünfzehnerstraße, Winkelwirtschaft „Sixenmichel“, „Zu den drei Königen“, „Zum Sixen“, S. 24
B 165 Wolfgang-Wilhelm-Platz, „Altes Zinswirtshaus“
B 171 alt, Franziskanerstraße, „Gunzadamkeller“
B 173 Wolfgang-Wilhelm-Platz, „Grüner Baum“, S. 26–27
B 174 Am Graben, „Pfafflingerkeller“, S. 26
B 175 Am Graben, „Bockbräukeller“
B 182 Luitpoldstraße, „Mohrenwirtshaus“
B 186 Theresienstraße, Bierbrauer Großhauser, „Gasthaus Scheuermayer“, S. 28
B 187 Theresienstraße, „Kuglerbräu“, S. 28
B 195 Theresienstraße, „Goldene Gans“
B 199 Theresienstraße, Ecke Franziskanerstraße, „Venezia“, heute Gaststätte „Peking“, S. 30
B 204 Franziskanerstraße, „Judenwirtshaus“
B 210 Franziskanerstraße, „Doferlkeller“, S. 31
B 214 Franziskanerstraße, „Kaiser-Wirtshaus“
B 232 alt, Münchener Straße, „Jägerwirtshaus“, „Café Central“, S. 32
B 239 Eybstraße, „Zum Kieferlbräu“, „Zum Kieferl“, S. 33
B 269 Blumenstraße, vor 1766 Wirtschaft
B 271 Blumenstraße, „Zum Streidl“, S. 35
B 272 Blumenstraße, „Reinersches Wirtshaus“
B 293 Adolf-Kolping-Straße, „Augsburger Hof“, S. 36

C 001 Luitpoldstraße, „Zum Hofgarten“, S. 38
C 014 Oskar-Wittmann-Straße, „Tanz-Café Hertlein“, S. 39
C 015 Elisenplatz, „Café Dörrer“, „Zur goldenen Krone“, jetzt „Mythos“, S. 40
C 016 Elisenplatz, „Zum Kumschier“
C 018 alt, Ingolstädter Straße, vor 1954: Über der Brücke, „Schwanenwirt“, „Zum goldenen Schwan“, S. 42
C 035 Leopoldineninsel, Hofbräuhaus, dann „Goldener Adler“, „Inselwirtschaft“, S. 43
C 038 Elisenplatz, „Bruckenbäck“, S. 41
C 044 Pferdstraße, „Zum goldenen Ochsen“, dann „Gasthof zur Post“, S. 44–45
C 045 Schrannenplatz, Ecke Pferdstraße, Rückgebäude Stallungen des Gasthofs „Zum goldenen Ochsen“, „Gasthof zur Post“, jetzt „Café Zeitlos“
C 048 Marienstraße, „Rößlewirt“, „Goldwirt“
C 053 Schrannenstraße, im 18. Jahrhundert kurzzeitig Bierschenke
C 055 Schrannenstraße, „Doferlbräu“, „Zum goldenen Lamm“, S. 46–47
C 056 Schrannenstraße, Tafernwirtschaft und Augsburger-Boten-Haus
C 057 Schrannenstraße, Tafernwirtschaft und Sattler-Berz'sches Haus, dann Sayle-Haus
C 063 Luitpoldstraße, Ecke Pfalzstraße, „Rennbahnbräu“, Hotel-Gasthof „Zur Rennbahn“, S. 48–49
C 081 alt, Münchener Straße, Ecke Luitpoldstraße, „Zum goldenen Löwen“, S. 50–51
C 088 Färberstraße, „Storchenwirt“, jetzt Hotel-Gasthof „Neuwirt“, S. 80–81
C 091 Färberstraße, Schreinerwirtshaus
C 096 Färberstraße, „Altes Straßlisches Wirtshaus“, Heubinderhaus
C 099 Rosenstraße, „Hipperjackl“, „Zur goldenen Traube“, S. 52

C 104 Rosenstraße, Altes Müller-Wirtshaus
C 122 Weinstraße, „Zum Gunzadam", jetzt Restaurant „Zum Hofgarten", S. 53
C 131 Weinstraße, Ecke Schrannenplatz, „Pfafflingerbräu", S. 54
C 133 Schmidstraße, „Judenwirtshaus zum Schieber", „Bärenwirt", S. 55
C 137 Schmidstraße, Degenwirtshaus
C 153 Schrannenplatz, „Heinrichwirt", „Geitner", dann „Gasthaus zur Schranne", jetzt „Bella Italia", S. 56
C 158 Hirschenstraße, „Zum Leinfelder", „Zum goldenen Hirschen", heute „Gasthaus Assmann-Kreil", S. 57
C 164 Hirschenstraße, Lachnerbäcken-Haus
C 175 Spitalstraße, Hieslwirtshaus
C 178 Spitalstraße, Ledererhaus
C 189 Schützenstraße, „Bockbäu", später „Gasthaus zum Bockbräu"
C 191 Spitalplatz, „Fuchsbräu", S. 59
C 200 Adlerstraße, „Josephiwirt", dann „Nieberle", „Zum goldenen Kreuz", jetzt „Central", S. 58
C 203 alt, Adlerstraße, „Zum Schwaiger", „Moggl", S. 60
C 204/205 Adlerstraße, „Zum schwarzen Hecht", „Zum schwarzen Adler", S. 59
C 210/211 Pferdstraße, „Zum Dirnbräu"
C 213 Fischergasse, Fischerwirtshaus
C 217 Oskar-Wittmann-Straße, Postgartenhaus
C 226 Fischergasse, „Spitzerwirt"
C 244 Schwemmstraße, kurzzeitig Gaststätte
C 258 alt, Hieslwirtsgasse, „Hieslwirtsgarten"
C 283 alt, Rohrenfelder Straße, „Gastwirtschaft zum Löwengarten", jetzt Metzgerei und Gastwirtschaft „Westenthanner"
C 309 alt, Englischer Garten, dann Flachslandenstraße, „Englisch-Garten-Wirtschaft", jetzt „Körtgens Biergarten", S. 61

D 001 Rosenstraße, „Zum schwäbischen Wirt"
D 010 Färberstraße, „Zum grünen Baum"
D 016 Hechtenstraße, „Altes Schwäbisch-Wirtshaus"
D 017 Hechtenstraße „Zum blauen Hecht", S. 62
D 025 alt, Oswaldplatz, „Beim Thaddä", „Glassmann", S. 63
D 040 Blumenstraße, „Hennenwirt", S. 66–67
D 045 Adolf-Kolping-Straße, Katholisches Gesellenhaus mit Festsaal, später Kolpinghaus, S. 68–69
D 086 Schwalbental, „Beim alten Storchenwirt"
D 102 Gärtnerstraße, „Angeswirt", „Zum goldenen Kreuz", „Argus", S. 63
D 108 Gärtnerstraße, „Gasthof Ensinger"
D 109 Gärtnerstraße, „Alter Hennenwirt", jetzt „La Perla", S. 67
D 131 alt, Münchener Straße, „Zum Embacher", S. 65
D 137 alt, Münchener Straße, „Faßlwirtshaus"
D 176 Schießhausstraße, „Fischerwirt", „Zum Guggumos", „Vanessa", dann „Zum Max", S. 64
D 201 Am Grünen Bug, Eiskeller
D 228 Neuhofstraße, „Zum alten Neuhof", dann „Raffaelo" und „Kunst und Kneipe im Gewölbe", S. 86–87
D 238 Neuhofstraße, Guggumoos-Stadel und Eiskeller
D 278 Münchener Straße, „Münchener Hof"
D 295 alt, Münchener Straße, vorher Südlicher Bahndamm, „Gastwirtschaft zum Rosengarten"
D 310 alt, Münchener Straße, früher Längenmühlweg, „Längenmühlwirtschaft", dann „Club Bel Ami"

Neuburg-Ried, Arcostraße 18, „Arco-Schlösschen", S. 70–71

Die Heimat entdecken!

Von Kiel bis Wien,
von Aachen bis Görlitz:
Entdecken Sie Alltagsgeschichten
aus Ihrer Heimatstadt!

Leben in der Großstadt …

Tauchen Sie ein in das quirlige Großstadtleben vergangener Tage. Spazieren Sie über breite Boulevards und stürzen Sie sich ins Nachtleben. Erkunden Sie ihre Stadt durch die Fensterscheiben einer Straßenbahn oder des ersten Käfers und bewundern Sie prächtig geschmückte Schaufenster.

Erinnerungen an die Schulzeit …

Erinnern Sie sich noch an die Zeiten von Abakus und Schiefertafel, an Klassenausflüge oder den ersten Taschenrechner? Blicken Sie zurück auf große Klassen und gestrenge Schulmeister, entdecken Sie auf Klassenfotos Freunde und Bekannte von früher!

… und das Arbeitsleben

Entdecken Sie, wie sich das Arbeitsleben in den letzten hundert Jahren verändert hat. Werfen Sie einen Blick in Fabrikhallen, blicken Sie Handwerksmeistern bei ihrer Arbeit über die Schulter und erinnern Sie sich an den Einkauf im Tante-Emma-Laden.

Gesellige Stunden im Verein …

Fußballclub und Schützenverein, Musikkapelle und Gesellenverein: Schauen Sie zurück auf Volksfeste und Turniere, Chorproben oder Prunksitzungen. Erinnern Sie sich an schöne Stunden und das gesellschaftliche Leben in Ihrer Heimat.